みんなが輝くために4

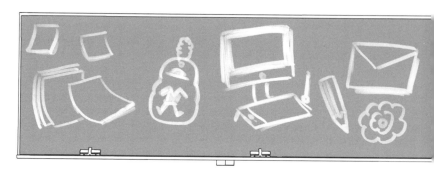

原作・著　梅田 真理

マンガ　　河西 哲郎

JN113149

登場人物

みんなが輝くために

松平 彩 （まつだいら あや）

大黒市立第2小・通級指導教室「学びの教室」担当教諭として子どもたちを明るく支援する。第1小などへの巡回指導も行う。大黒中学に新設された通級担当者は、かつて講師を務めた大学の学生だった。

平塚 優花
（ひらつか ゆうか）

大黒中「学びの教室」（通級）担当教諭。特別支援学校との人事交流第1号。大学時代はやり投げで全国大会出場。

水野 茜
（みずの あかね）

大黒中「学びの教室」（通級）担当教諭。大学時代は彩先生の講義を受ける。他市での通級指導経験がある。

あらすじ

茨城県大黒市（※）は、小学校に設けた通級指導教室「学びの教室」で巡回指導が始まり、通級への理解が浸透してゆく。小学校で通級指導を受けた保護者を中心に中学校での通級開設を求める声も上がってくる。この声を受けて大黒中学に通級指導教室「学びの教室」（小学校と同じ教室名）が新設される。担当教諭となった水野茜と平塚優花は、思春期ならではの生徒の気持ちも大切にしながら関わっていく。

※茨城県大黒市はフィクションです

第13話　ぼくはワガママだと思われてしまう

世良 匠 小5·6
（せら たくみ）

こだわりの強さをワガママと見られ周囲との関係がギクシャクする。

越智 真由美
（おち まゆみ）

匠の5·6年生担任。型どおりに児童全員を指導するのを重視。

第14話　中学校で学びの教室（通級指導教室）が始まる

黒田 浩一
（くろだ こういち）

小西 剛
（こにし つよし）

黒田教育長と小西第2小校長。通級開設前から幼児から高校までの切れ目のない支援を構想する。

大谷 大樹
（おおたに だいき）

戸田 歩 小6·中1
（とだ あゆむ）

大谷先生は、戸田歩の小6時代の担任。歩の困り事を理解してICT利用を勧める。

第15話　読み書きが苦手だけどうまくやれる方法が分かってきた

戸田 歩 中1(小4·5·6)
（とだ あゆむ）

学びの教室の先生の提案から会議で先生方へ自分の思いを発表する。

世良 匠 中1
（せら たくみ）

中学アニメ部で歩と知り合い友だちに。プレゼンする歩を後押し。

第16話　私は段取りができずに気持ちも苦しくなる

小池 英梨 中1·2
（こいけ えり）

中学でやることが増え複数のことを同時進行できずに苦しくなる。

高木 祥正
（たかぎ よしまさ）

英梨の中2担任、体育教師。英梨の様子を見て学びの教室と連携する。

松平
陶芸教室

第13話

ぼくはワガママだと
思われてしまう

学びの
教室

通級指導「学びの教室」
担当教諭
松平 彩

先週も樹がチャンネルを変えただけで掴みかかって怒ってたのよ

ぼくが見てたんだ!

一瞬試合経過を見ただけじゃん!

樹だって小5のころはあんな感じだったと思うぞ 考えすぎだよ

そうかしら…

校内委員会

5年1組の世良匠くんのお母さんからご相談もあり 学びの教室の選択肢もあると思うのですが

特別支援教育コーディネーター
林 ちえみ

もう問題解いてるんだから
いいじゃん
ぼくのノートだぞ!!

あーあー
先生〜
匠に言っても
しょうがないよ

そこまで
する必要は
ないんじゃ
ないでしょうか

世良匠君は
授業中もずっと絵ばかり
描いてる変わった子で
厳しく指導しても
言うことを聞かない
どころか反抗してきます

つまり
本人のわがままなのに
そういう場所に行ったって
何か変わるんですか?

**匠の担任
越智 真由美**

わがままと言っても
騒いだり離席したり
する子ではないので
多少のお絵描きぐらいは
大目に見てもと
思ってましたが

ずっとああいう子でしたね
それに勉強はよく
できてますし
特段大きな問題でも
ないと思いますが

えっ!?
でもあの子は
周りの子がきちんと
ノートを取っているのに
絵を描いてるんですよ!

それは5年生として
おかしくないですか?

わっ！

他の生徒に悪影響が出ないよう「ダメなことはダメ！」と叱るのが大人の責任です！わがままを見過ごしてはろくな大人になりません！

では少し角度をかえて…

友だちの意見に合わせたり自分の言い分を変えたりっていうことはできたんでしょうか？またグループで協力して作業することはできましたか？

そういうところは見たことないかも…

やっぱりそういう部分は問題だったのね見過ごされてきたんだわ

これから卒業して中学に行くことを考えるとみんなで協力するとか友だちと相談して問題を解決するとか…部活で先輩とやりとりしたりより広い人間関係が必要になってきますよね匠君はできそうですか？

それは…難しそうですね

それだと大変になるんじゃないでしょうか？中学校ではそのあたりはできて当たり前って感じだと思います

勉強ができると意外と気が付かないんですけど大人になっていくにつれ問題になっていく部分ですよね

確かにねその通りですね

そういう話じゃなくって匠くんはわがままなんですよそうやって甘やかして来たからダメなんですよ！

先生でもその部分は変わったほうがいいですよね

それはそうですけど…

じゃあいいんじゃないですか一小にも通級ができたんだし保護者の方が承諾なさるなら通ってみるっていうことも

しかしですね…

ねっ先生

は…はい

先日越智先生にご相談いただいた件ですが私たち教員の間でも話し合いまして

よろしければ週に一度学びの教室に通ってみるのはいかがでしょうか？

あの…学びの教室に通ったとしても中学入学までに直るものなんでしょうか

もう5年生であと一年しか小学校にいませんよね…

※3巻4話参照

「学びの教室」っていう教室の先生なの第二小にあるんだけど…

うちの下の子も通ってるんですよ

確か第一小でも始まったんじゃないかしら

学びの教室…

この前加藤さんに教えてもらったけど…

確かに中学に上がると心も人間関係も複雑になっていくから心配よね

……匠は
昔から上の子よりも
物覚えが良かったり
絵が飛び抜けて
上手だったんです

幼稚園でも
小学校に入ってからも
同級生と遊ぶより
一人で絵を描くことが
何より好きでした

この子には
他の子と違う才能があるから
それでもいいと思っていたんです
それが匠の個性だって…

私のその選択が
悪かったんで
しょうか…

すご〜い！
緻密な絵ですね〜！

ああ4年生に
とても絵が上手な子がいて
県コンクールで入賞したので
飾らせてもらってるんです

コンクール入

4-2 世良 匠

お母さんが
匠君を否定しなかったから
絵という個性が
伸びたんだと思います
私も匠君の絵
大好きです！

匠くんの絵を
初めて見た時
とてもいい絵だなって
思ったんです

そうですか…
そうですね…

まずは
小学校でできることを
考えてみませんか？

先のことも
心配かもしれませんが

もちろんです
匠君本人と
お母さんお父さんが
納得した上で
どうするか
判断してください

もう少し
考えてみても
いいですか？
夫とも相談し
たいので

でも協調性とか問題ある
みたいで先生がこのままだと
大人になってから大変って…

そんなもん
成長していくうちに
身につくもんだって！
樹も小さいころは同級生と
よくケンカしてただろ

明日早いから
この話は終わりな！

すた

すた

学びの教室!? 通級!?
この前言ってたやつか？
必要ないって言っただろ！

……やっぱり
私の考えすぎ
なのかしら

林先生や松平先生は
あんなこと言っていたけど
やっぱりただのわがままよ
これは！

かえせーっ！！

保護者の方からの
希望もないようだし…
私がなんとかしなくちゃね

匠くん！
また落書き
して！もう！

ほら！
掃除の
時間！！

自分の分は
終わりました

はぁ…また匠のやつ
怒られてるよ
授業中に絵描くの
やめろよな

みんなに
迷惑かけてんだよ
自分勝手だよな

はぁ…

ったく

わんわん、

そうそう
あそこのお家のワンちゃん
元気になったみたいで
いつもの場所にいるように
なったね

はい！犬のキャラも
できあがってきました！

もしかしてモチーフに
してキャラを描いたの？
先生にも見せて！

先生に消せって言われて
消しちゃいました

学校じゃあみんな
僕が絵を描くと
やめろって怒ります

匠くん
今ちょっと
いいかしら？

匠君は
本当に絵が
好きなのね

はい！
ずっと絵を
描いて
いたいくらい

そっか〜とっても
上手だもんね
じゃあ嫌いなものは
ある？

最近は
学校が嫌い！

えっ!?
それはどうして？

ねえ匠
最近学校はどう？
楽しい？

教室は楽しくない
授業はつまんないし
越智先生は怒ってばっかだし
みんなには無視されるし

学校行きたくない…

それは……

え…！
最近なんか
元気ないと思ってたけど
もしかして
…不登校になっちゃうの!?

匠を学びの教室に通わせることにしたわ

え!?通わないってことで決まっただろ!

…必要ないって言っていたけど
やっぱりあの子の将来（しょうらい）を考えると
そうした方がいいと思うの

だって
今だって担任の先生に
毎日叱られてるみたいだし
今日は学校に行きたくないって
言ってたのよ

それは担任の先生が
合ってないんじゃないの？
成長すれば
変わるものだよ

成長しても
変わらなかったら…？

え…

今はあの子自身
困ってはないかもしれないけど

進学して社会に出て

私たちが手を出せなくなってから
本人が困るようになったら
私は後悔する

そうならないために
私が今できることは
しておきたいの！

確かに
そう…だな…

ずいぶんお時間いただいちゃいましたが匠を通わせたいと思います

卒業までの間少しでもあの子のためになる選択をしたいと思います

私たちも精一杯指導に当たります

匠君の場合は自分のルールを譲れないことや状況に応じた対応が苦手で

大きな変化があると不安定になってしまうことがあります

ば？？

そうなんだ！授業は自分のペースで進まないもんね

じゃあ例えばね 匠くんと他の人が一緒に絵を描いていたとしよう

匠くんはまだ描いているのに相手が自分は描き終わったから色を塗っちゃおうとしたらどう思う？

描き終わったから色塗ろっと

えっ

僕がまだやってるんだから勝手に先に行かないでよ！って思う

そうだよね
授業もね匠君は勉強が
できるから
すぐ分かっちゃうけど
まだ分からないって子も
いるんだよ

自分が終わったからって
さっさと先に進んじゃったら
今の匠くんと同じ気持ちに
なると思うの

う〜ん
でも一生懸命
やって早くすれば
いい

じゃあ
一生懸命やってても
ゆっくりしかできない人は
置いてけぼりにして
匠くんは
どんどん進んじゃう?

う〜ん…
それはゆっくりの
人がかわいそうかも…

丁寧に説明すればわかるのね

ウンウン
そうだね

これから匠君はいろんな人と関わることが増えてくることになると思う

このプリントにいろんな場面が書いてあるからこういう時はどうしたらいいか一緒に考えてみよう！

隣の席の子のテストの点が低いのが見えちゃったら？

● 隣の席の子のテストの点が低いのが見えちゃったら？

●------------

●------------

う～ん
見られると嫌だと思う
だから見ない？

うん
見られると嫌だよね

それじゃあ
次ね

匠君がんばってますよ
それでやっぱり学級での
配慮をお願いしたいんです

第一小は
持ち上がりだから
6年生も越智先生
ということに
なりますよね

そうね〜
匠くんだけじゃなく
越智先生にも
変わってもらわなきゃよね

今まで匠くんのことが
放って置かれたことを
考えると他の先生方にも
周知できるといいですよね

学校全体でも
特別支援教育や
通級指導教室についての
研修会を開きましょうか

校長先生に
話してみるわ

いいですね！
あともう一つ
思っていることがあって…

大事な
ことを！

今日は特別支援教育と学級経営の研修会を行います

松平先生
何かありますか？

はい
匠君のことですが
学びの教室に来てがんばって
少しずつ変わり始めています

なので越智先生
学級でも注意するときは
ちょっと呼んで個別に注意する
などサポートをして
いただけませんか？

確かに最近は
前ほどのわがままは
なくなったわね

まぁ
それぐらいなら…

ありがとうございます
では少し
叱り方について
お話しさせてください

「よい叱り方」って
どんな叱り方でしょうか
2つのパターンを
お知らせします

授業中に落書きしてる子に対して

何で落書きしてるの！今は授業中でしょう！やめなさい！

よく私たちが叱る叱り方は多分こちらじゃないですか

そうそう…そう怒っちゃうよね

うんうん

でもそういうときって子どもたちぶっと膨れませんか言うことを聞きます？

いや聞かないね

最近は聞かない子もいるのよね

じゃあこう言ったらどうでしょう

ふーん何描いてるの？

え？

絵を描いてるんだ上手だねでも今は何の時間？

えっと算数…

ドキッ

押さえ込んでやめさせるのと自発的にやめるよう誘導するのではその後の授業に対する姿勢も変わってくると思います

でも結果は絵を描かせないっていうことになっています

でもだめなものはだめって言わないと！

確かにそれなら素直に気持ちを切り替えるかもしれない

確かに叱った後よくない姿勢の子もいるわね

う〜ん

問2の答えはなんでしょうか○○くん

わかりません！

ムスッ

ものは試し一度そう叱ってみて改めて考えます

ありがとうございます！

あと…

できれば早く終わったら取り組める発展課題ちょっと難しい問題の準備とか

他の人に分かりやすく教える小さな先生役とかグループで分からない人に教える役とかを作ってもらえませんか？

えっ匠くんだけに？

教えるよ

わからない

発展課題

終わっちゃって
やることない

う〜ん

匠君以外にも早く分かっちゃうっていう子は
クラスの中で一割ぐらいはいると思うんです
我慢して待ってる子は積極的に
取り組んでくれると思います

そうね…教えるというのは
本人がきちんと理解できて
いるかの復習にもつながって学級の
学力アップにもなるわね

じゃあちょっと試してみようかしら

6-1

ここは
この公式を
使うんだよ

ぼく
終わったので
教えにいきます

教えてく
ださい

最初は教えられる子があんなに
いるとは思わなかったけど…

応用問題や先生役の
効果があったわね
クラス全体いい雰囲気だわ

フフフ…

提案は松平先生だけど
実行した私の指導が
うまいことといったということね

…まあ
あとはあの子の
がんばりかしら

夫はまだあまり
実感はなさそうですけれど
兄の方はずいぶん
変化を感じてるみたいで…
以前より兄弟仲もいいんですよ

できれば今後も
指導をお願いしたいところ
なんですけれど…
もうすぐ卒業ですし…

そのことなんですが
お知らせがずいぶんと
遅くなってしまいまして…

実は匠くんが進学予定の
大黒中に来年度から
通級を開設することに
なったんです

大事なことを！

中学通級を望む声もあって
以前から少しずつ進めていた
話なのですがようやく
お伝えできるところまで来まして

えっ
そうなんですか!?

それは私も匠も
嬉しいことです！

そして
時が流れ
卒業式

たくさんの思い出がつまった
学び舎を
卒業します！

大黒市立
第一小学校

卒業します！

卒業式

大黒市立第一小学校

先生！
匠君
どうしたの？

学びの教室に通って
なんで越智先生がぼくのこと
あんなに怒ってたのか
分かりました

お母さんがやれって
いうから描きました！
…だから
これ！

ありがとう
ございました！

これ…私？

私がやったことも
少しはあの子の
ためになったの
かしら…

ありがとうございました！

6-1

匠

松平先生
これ！

ぼく…学びの教室へ
通えて楽しかった
自分のクラスはそんなに
楽しくないけど前よりは
いいかな

今は時々は我慢しても
いいかなって思えるんだ

中学校でも
がんばってみるよ

匠くんなら
大丈夫よ！

卒業
おめでとう！

大黒市に引っ越して
通級指導教室の担当に
任命されてから本当に
いろんなことがあった
大変なことも
あったけど……

よーし！
また４月から
がんばるぞー！

「通級による指導」の利用者は増えている？

　通級による指導を受けている子どもの数は、確実に増えています。

　このグラフは文部科学省が2020年に公表した「通級による指導を受けている児童生徒数」の調査結果ですが、上から2本目のグラフが小学校で小・中・高等学校のうちでは最も増えています。それと比べると中学校の伸びは少ないですが、確実に増えています。具体的な数字としては、2018年平成30年には小学校で108,306人、中学校で14,281人でしたが、翌2019年には小学校116,633人、中学校16,765人と、小学校で約8,000人、中学校では約2,000人増えています。一番下のグラフは高等学校ですが、始まったばかりの高校通級も確実に生徒数は増えています。

【学校種別／小・中・高等学校計】

　2022年12月13日に公表された「通常の学級に在籍する特別な教育的支援を必要とする児童生徒に関する調査結果」では、小・中学校で学習面・行動面で著しい困難を示すとされた割合が8.8％であったと示されました。この調査は「発達障害」を見つけ出す調査ではなく、あくまでも学級担任が通常の学級で学習面・生活面で著しい困難があると捉えた子どもの数を示すものですが、それでも多くの子どもが支援を必要としているのは間違いありません。また、その支援がすべて通級による指導ということではありませんが、この8.8％に該当する子どもで通級による指導を受けているのは10.6％とされていますので、まだまだ十分ではない状況にあると言えます。

　今後、さらに充実させる必要があるでしょう。

第14話
中学校で学びの教室（通級指導教室）が始まる

彩先生の自宅
夫が開いている陶芸教室が併設されている

松平
陶芸教室

匠君中学でも楽しく過ごせるといいわ…

ありがとうございまし
学びの教室
世匠

松平先生
こんにちは

今日はお時間を
作ってくださり
ありがとう
ございます

特別支援教育担当
指導主事
加藤 学

加藤先生
こんにちは

ぺこっ

芝野先生
お久しぶり
です!

芝野?
芝野って
私の旧姓…

お久しぶりです！芝野先生！

あら!?前田さん!?どうしてここに？

お二人は大学時代の講師と学生だったんですよね

はい懐かしくて昔の名前で呼んじゃいました

今は松平先生ですねそれと…私も今は結婚して水野になりました

そうなの！おめでとう！

それで前田さん…じゃなくて水野さんはなんでここに？

私は
今度大黒中にできた
学びの教室の担当者に
なりました

水野茜（みずのあかね）

えーっ!?
そうなの!?
水野さん!
しかも中学の
先生になったのね

今度大黒中にも
ついに学びの教室が
できるんです

今日は水野さんの
ご紹介も兼ねて
おじゃましました
他市ですが前任校では
通級の担当者だったんです

はい！

松平　先生
お世話になります。
大黒市教育委員会の加藤です。
新年度から開設される大黒中学通級指導教室の担当者をお知らせ致します。
＜記＞
氏名：水野　茜（みずの　あかね）
出身大学（教員免許）：関東女子大学文学部卒業（国語・書道、特別支援学校教諭）

氏名：平塚　優花（ひらつか　ゆうか）
出身大学（教員免許）：昭和体育大学体育学部卒業（保健体育、特別支援学校教諭）
以上

そういえば昨日
加藤先生からいただいたメールに
お名前がありましたね

大学名は私が講師を
務めていたところでしたが
まさか私が教えていた
学生さんとは
気がつきませんでした

師弟関係だったなら
水野先生も
気兼ねなく相談できますね

ハイ！
なんでも
相談させて
いただきます！

あ！

そういえば大学のころはよく質問してきたわね

たじ

たじ

ここは？

これは？

このことについて！

また質問攻めにさせていただきます！

もうお一人は平塚先生です

これまで特別支援学校で指導にあたっていました

これからは通級と特別支援学校との人事交流も考えていてその先駆けとなっていただきます

よろしくお願いします！種目はやり投げでした！

平塚 優花

そうだよね！
母子保健センターに
発達支援センターを
作る構想も動き出すよ

でも…
やっぱり人材かな

市長は通級ができたら
特別支援学校との人事交流なんか
効果があるんじゃないかと言ってたね
ぼくもそれいいアイデアだと思ったよ

確かに人材を
どうするかって肝心だな
専門性もそうなんだろうけど
巡回は兼務発令とかしないと

出張扱いじゃ面倒くさいしね
各校で共通の教材や
教具もいるし毎回教員が
運んでたんじゃまいっちゃうよ

毎回教材を用意して
車で運んだりしている

そうなんだよ
通級担当者の身分や分掌を
明確にしないとね

それと通級というか
特別支援教育に対する
理解を深めないとね
学校や保護者はもちろんだけど
地域にも広げたいよね

そうそう！
社会全体だよね
やっぱり社会の偏見や
不寛容って手強いよ！

中学生なんかになれば
他人の目が
すごく気になるしね

他人の目かぁ…
ぼくもそうだったな

一人だけ抜け出して
別の教室で過ごすのって
きっと勇気がいるよね

そうだ！

勇気か!?
そういう言葉がいらない
ようにしないとね

勇気を出す必要なんか
いらない！
それは誰でも
自分のために選べる
当たり前のことなんだ

あらっ！
うれしい〜！

それは
よかったです！

うちの子は担任の
先生以外に好きな
先生ができたって
言っててすごく
よかったです

落ち着いた環境を
つくってもらったので
自分の力を発揮できている
ようでありがたいです

でも…
中学ではこういう
受け皿はないんですよね？

そう言われてみれば
中学にはないのよね一

やはり引き続き
専門の方のサポートが
あったほうが
安心ですよね…

校長先生
誰にお願いすれば
いいんでしょうか？

そうね！

それより
みんなで署名を集めて
中学にもつくってもらいましょうよ！

校長先生
卒業しても
またここに来て
いいですか？

そうなんです
今はないんです

私も皆さんの
ご意見と同じです
中学にも学びの教室が
あるといいですよね

「今はない」と
申し上げたのは
実は大黒市も中学
通級開設を検討中
なんです

そうなんですか！
早く実現すると
助かります！
よろしくお願い
します！

大黒市中学校校長会
（大黒市教育センター）

大黒市に住んでいる元タレントさんのこの子育て動画がすごい人気らしいですよ

子育て動画…が人気なんですか？

大黒中学校校長先生
東堂 誠
（とうどう まこと）

大黒南中学校校長先生
寺沢 明美
（てらさわ あけみ）

あっ！この方大黒中学の卒業生（そつぎょうせい）なんですよ！

タレント時代よくテレビで見ましたね！

子育てのなな不思議

チャンネル登録　34.9万人

登録済み

小学校の「学びの教室」で子どもの特性に合わせた個別指導を受けられたことで

今も動物好きで元気な男の子に育っています

学びの教室

ただ残念なのはこういう環境が小学校で終わってしまう地域が多いことです

どの中学や高校でもこういう環境が選べるとよいと願っています

中学校　✕　小学校

小学校の学びの教室…通級指導教室のことですね

そうですよね中学校にも必要ですよね

こういった流れで大黒中にも通級教室が開設することになったそして現在

自校 9名
他校 5名

計 14名
（7名が小学校からの継続）

4月に学びの教室入室生徒は
自校9名・他校5名の14名が
予定されています
7名が小学校からの継続
小学校で指導を受けていた生徒です

年間行事は
お話してきたとおり
このようなものを予定しています

《大黒中学校「学びの教室」年間行事》

月	主な行事
4月	学びの教室開設　開室式 保護者面談、生徒面談 生徒在籍他校への挨拶 時間割作成
5月	校内生徒指導全体会で学びの教室説明
6月	生徒在籍他校訪問、校内担任面談 大黒市中学校長会で説明
7月	他校校内研修で学びの教室説明 保護者面談
8月	学びの教室保護者会
10月	保護者向け教室案内パンフレット・チラシ作成 大黒市学びの教室合同説明会（小学校と合同）
11月	校内全体研修会で学びの教室取組を紹介
12月	生徒在籍他校訪問
1月	入室希望者面談 生徒在籍他校訪問
2月	学びの教室保護者会

次年度入級希望者への教育相談→大黒市就学支援委員会へ報告

水野先生の前任中学では
他校通級の生徒もいましたか？
保護者の送迎は
どうなっていましたか？

はい
他校通級の生徒もいました
原則として保護者の送迎と
なっていました

送迎来校時は保護者との
情報交換の場になりますよね

保護者が悩みやお子さんの
様子を話すでしょうから
しっかり聞いてあげたんでしょうね

必要に応じてその子の特性や
支援についてこちらの考えも
伝える機会になりますよね

ぴくっ！

あっ！
なるほど！

世間話だけじゃなくて情報交換の場として活用できるんですね!

そっ…そうなんです客観的に子どもの特性を知ることで親子関係がよくなり生徒の安定につながることもありますね

これまで大黒市では小学校通級の知見は蓄積してきましたが中学校は未経験なので水野先生のご経験からお気づきの点がありますか?

そうですね私なりに思うのは小学校にはない教科担任や部活顧問との連携

それに高校進学などもあるので学力の問題なんかが中学校ならではの課題でしょうか

確かに…
そうとも
言えますね…

そうですね！
部活顧問は一人ひとりを
見ますからね筋肉の付き方！
持久力やメンタルもチェック！
パーソナルトレーニングで
連携ですね！

個別指導

数日後ー
学びの教室開室式の日

通級指導教室
「学びの教室」
開室式

とにかく部活の時間を増やしたいです！

以前はテスト前に必死で勉強したんだけど両立はちょっと厳しいかなって思うんで勉強の方はあきらめます…

戸田 歩
（中1）

部活が楽しいのね！部活は何部に入ったの？

勉強は無理だって思っているんだな…

部活はアニメ部に入りました！

パソコン室

匠くん
遅くなって
ごめん

学びの教室に
行ってたんでしょ?

入ってくとこ
見たよ

えっ!?
あー…

見られ
ちゃったんだ…
どうしよう…

ぼくも小5から小6まで
学びの教室行ってたよ

先生がすごく優しくてさ
自由に絵を描かせてくれた

ワンダ王ができたのは
その先生のおかげ!

ワンダ王

えっ!?
そうなんだ?
中学じゃ行かないの?

人との付き合い方も
わかったからね

ふふふ

部活で
友だちができて
よかったね

自宅でもアニメを
作ったりしてるの？

はい！
製作したり
勉強したりしてます

そうなんだ
どんなこと
勉強してるの？

登場人物の生い立ちとか
作者がキャラに込めた思いとか
いろんなことを調べてます

公式サイトに
書いてあるんです
そういうの

へー！
最近はまってる
アニメを教えて
もらってもいい？

最近はこれです!

先生のPC貸してください

カタ カタ

この主人公はオニに家族を殺され自分のような悲しい思いをする人がいなくなるようにオニを倒す旅に出るんです

menu

そうなのね!
わー
絵もきれいだね!

絶賛放

SNS開

MOMO

歩くん
漢字の読み書きが
苦手だけど

漢字を使った解説を
読むのは大丈夫？

パソコン使えば
大丈夫っす！

三色百之助

団子職人である父親の後を継ぐことを
目標にしている少年
しかし、家族をオニに殺されてしまったことで
運命が変わる。

「笑顔が増えるために団子を作ってんだ」
という父親の口癖を心に刻み旅を続ける。

好きな食べ物は　みたらし団子

あっ！
この刀は鬼のツノを
装着することで
その鬼の能力を
使えるんです！

それを活かしながら
いろんなタイプの鬼を
倒していくんですよ！

すごいね！
全部知ってるのね！

当たり前っす！

でもちゃんと
読めているのか
ちょっと
心配だなぁ…

戸田君とのお話
いかがでしたか?
確か読み書きに苦手のある
生徒ですよね?

うん
大好きなアニメだから
かもしれないけど
必要なことはＰＣで
調べているのよ

もちろん
簡単な文章だけど
書いてあることも
わかっていたわ

でも読み書きが苦手だと
学校のテストなんかは…

練習方法も分からない!
試合の経験もない!
なのにいきなり大会に出場!
みたいな状態ですよね

そうね
それで他の人の評価も
決まっちゃう

その状態で今までやって
これたってことはなにかしらの
技をもっているんですかね?
それがないと…

こころも槍も
折れちゃいますね

技って言うと今ならPCかしら
今年度から一人一台になったし

戸田君の
小6の時の担任した先生も
こう言ってたわ

こんにちは
卒業生の戸田歩君のことで
おじゃましました

戸田歩君
学びの教室を利用してくれるんですね
よかったです

ぼくが第二小から稲荷小に異動して
いきなり6年生担任だったので
信頼関係を築くのに時間がかかって…
通級につなぐまではいかなかったんです

戸田歩の小6時代担任
大谷 大樹 先生
※1巻3話にも登場

歩くんはどんな児童でしたか？

読み書きに困難を抱えている子なのですがそれ以上に周りに対する不信感が強かったんです

一度タブレットを使った問題読み上げで国語のテストをやってみたことがあったのですが…

※1巻3話のような読み上げ式テスト

がんばったね！このやり方はどうだった？やりやすかったかい？

え！
このゲーム先生が作ったの!?
すご！

フッ…

そうですね
その後パソコンの
ゲームを通してだんだん
仲良くなれたんです

何か距離（きょり）が近づいたと
感じたことなどは
ありましたか？

ゲームはどうかな？
スペックによるから
ちょっと分からないな…

そうなの!?
絵も描ける？
ゲームもできる？

歩君が中学に入学する
ころは中学で一人一台の
PCが使えるようになるよ

いいな！
おれもPC
欲しいな〜

ゲームスタート
設定

中学校の「通級による指導」の現状

　今回、この原稿を書いている時期（2022年12月）にちょうどよい タイミングで文科省の「通常の学級に在籍する特別な教育的支援を 必要とする児童生徒に関する調査結果」が公表されました。調査の 詳細を見ると、小学校低学年と比べ小学校高学年や中学校では、学級 担任が通常の学級で学習面・生活面で著しい困難があると捉えた子 どもの数は減っています。具体的には、小学校1～3年は10％を超えて いますが、中学校では6％台になっています。この結果から何が読み取 れるかは、関わった有識者会議のコメントもありますので説明は省きま すが、毎年文部科学省が行う「学校基本調査」の児童生徒数では、 2022年は中学生が3,205,226人です。このうち、6％に該当する人 数は192,313人、解説1で示した中学校で通級による指導を受けてい る生徒数16,765人はこの10分の1弱の人数です。このことから考えて も、まだまだ中学校における通級による指導は「足りていない」現状 があることがわかります。

　もちろん、小学校で通級による指導を受け、その成果があって中学校 では通級する必要がなくなる子どももいるでしょう。しかし、10分の1と いう現状は少なすぎます。

　中学生は思春期のただ中にあります。周囲の目や自分への評価が気 になる年頃でもあります。また、高等学校への進学もあり、授業を抜ける ことへの抵抗は、対象となる子どもだけでなく学級担任等教師の側にも あるかもしれません。このあたりも含め、小学校の通級とはまた違った工 夫が必要ではないかと考えます。4巻では、この点にも触れたいと考え 内容を検討しました。今後も中学校（高等学校も）の通級について、 考えていきたいと思っています。

第15話
読み書きが苦手だけど
うまくやれる方法が
分かってきた

パソコン室

あのさぁ
匠君はなんで
小学校の学びの教室に
通ってたの？

なんで？
松平先生が
いたからかな

松平先生が「休み時間なら学びの教室で絵を描いていいよ」って言ってくれたんだ

教室で絵を描いてると担任の先生には怒られてばかりだったしクラスでもハブられてたからな

そうなんだ…

まあ友だちとは仲直りしたよ

学びの教室に通ったおかげで相手にもいろんな気持ちがあるのがわかったからね

えっ!?それ
分かんなかったの?

うん
気にしたことがなかった

そっかぁ…

クラス中でハブられ
ても平気だったのか…
いいなぁ…

じゃあ次は
戸田歩くん

「ごんぎつね」

グッズショップ

ワイ

これ
かわいい〜!

これ
買って〜!

ワイ

DAIKOKU MALL

MONSTERS

透明人間の
キーホルダーか

…いいなぁ
ぼくも透明になりたい

これください

数日後

お母さん
この映画見に
行きたいんだけど
行っていい？

ねぇ
いいでしょ？

あらっ!?
歴史もの？
難しそうな映画ねぇ

グランドキング

元は
マンガなんだよ！

群雄割拠した
昔の中国戦国時代の話を
漫画で描いてて面白いんだ！

一人の皇帝が苦難を
乗り越えて中華統一を
目指すんだよ！

調べたって
どうやって！？

え？うん
自分で調べたんだ！

あなた
よくそんな難しい言葉
知ってるわね！？
誰かに教えてもらったの？

ホーム　　　動画　　　再生リスト

子育てのなな不思議
チャンネル登録　37.3万人

登録済み

うちの子は発音が
苦手だったんですが
読み書きが苦手な
お子さんには
今はすごく便利な
アプリがありますね

読み上げ
アプリ

耳から聞くのって
予想以上に
理解が進みますね

私自身も
読み上げアプリを
最近使っています

読み書きが苦手な子には読み上げアプリを使うと効果があるのね

歩もこれを学校で使えたら…

そうだ！担任の先生にお願いしてみようかしら

先日は歩が答案用紙に何も書かずに申し訳ありませんでした

いえ

大丈夫ですよ
教師は勉強の教え方もプロなので
歩君はだんだんできるようになります

あとは本人の
がんばり次第ですから

そうですね…
あのう…勉強の補助にタブレットを
使わせていただけないでしょうか?

タブレット!?
歩君にだけ
ですか?

そうなってしまうかも
しれませんが他の
お母さんのお話を聞くと

読み上げアプリというのが
読み書きが苦手な子に
効果があるようなので
お願いできないかと…

それはその場限りでは便利かもしれません

しかしお母さん
将来のことを考えたら
それはどうでしょうか？
タブレットを片時も離さない
なんてことないですよね

会社　試験　今はいいけど

そうなんですが
今のままだと
勉強に向かう
気持ちどころか
学校自体がどんどん
嫌いになってしまい
そうで…

勉強は好きだけど
がんばっても
いい点取れないし

そうですか…
不登校になってしまう
のも困りますね

では学年主任や
教頭とも
相談してみます

よろしく
お願いします

それから
数ヶ月が経ち

歩君は
6年生に
なった

ふう…

タブレットを使うお願いに
何度か来たけどもう6年生ね…
担任の先生も変わってしまったし…

なんだか
学校とやりとりするの
疲れちゃった…

はぁ…

こんにちは歩君の担任になった大谷と申します
今日はお忙しい中ありがとうございます

はじめまして
歩の母です…

第二小からこの稲荷小に異動してきました

大切な6年生の一年間を一緒にがんばります

ありがとうございます

えっと・・・

この先生にもタブレットのこと言ってみようかしらでも結局は同じことの繰り返しかなぁ…

どうかしましたか?

あっあのう…

歩のためだから言うだけ言ってみよう

歩は読み書きがかなり苦手なんです一生懸命勉強するんですがダメなんです…

そうですか!?歩君大変でしたね

学校での勉強は読み書きができることを前提に成り立ってますから苦手だとやりづらいことが多いですもんね

ぼくは専門家ではないですが歩君のための手立てはけっこうあると思いますよ

例えば読み上げアプリや音声入力なんかいいですよ

大谷先生！
稲荷小は
どうですか？

でもけっこう
緊張しますね
やはり
ワイワイやってます！

6年生を
担任してるんですが

そこで松平先生
ご相談したいことが
あるんですが

はい
なんでしょう？

6年生に読み書きの
苦手な子がいるんです

お母さんも熱心に
お子さんをみてきたのですが
特に手立てもされずに
一時は白紙でテスト答案を
出すこともあったようなんです

それは大変でしたね
学びの教室へ入室を
希望されているんですか？

それが…
学びの教室のことは
お知らせしたんですが

学校への不信感
みたいなものがあって…

不信感!?

担任の先生を通じて
何度もタブレットを使いたいと
お願いしたものの

結果的になしのつぶてだったようで
学校側も一人一台PC導入目前で
具体的な対応の指針が
定まらなかったようです

そうなんですか!?
きっと気持ちを整理するには
時間が必要ですね

だんだんとよい方向に
向かってもらうのがいいですね
来年度からは大黒中にも
学びの教室ができますから
そこにつなげるようにしても
いいですよね

ひきついでサポート

中学校　小学校

そうですね　そのくらいの時間の流れで　段階を分けて　考えたほうがいいですね

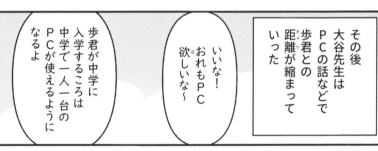

その後　大谷先生は　PCの話などで　歩君との　距離が縮まって　いった

いいな！　おれもPC　欲しいな〜

歩君が中学に　入学するころは　中学で一人一台の　PCが使えるように　なるよ

そうなの!?　絵も描ける？　ゲームもできる？

ゲームはどうかな？　スペックによるから　ちょっと　分からないな…

そうかぁ　スペック高いと　いいな〜！

先生…　おれ本当はさ…

うーん…
みんなと違う
ところに行く
自信はまだない
かな…

そうなんだね

じゃあ
その日のために
練習していこうか

はい!

現在―
中学校の
学びの教室

通級指導教室
「学びの教室」

戸田君は
PCが得意なのね
どんなふうに
使っているの?

中学での
勉強に使えるよう
にと思って

小6後半から
読み上げ・音声入力
情報整理アプリを
練習してきました

へー
先を見越して
練習しててすごいね
自分で全部やって
きたんだ!?

担任だった大谷先生が

自分でやれることが
中学に行ったら
役に立つからね！

って
いつも言ってました

おお！
それは名コーチの
格言（かくげん）!!

今はタブレットが自由に
使えてデジタル
教科書を学校でも
自宅でも使えるので
すごく楽しいです

ちょうどいい時期に
中学生になった感じね

あっ！
思いつきました！

ピ

ワッ

歩は今も透明人間になりたいって思ってるの？

うん
小学校の大谷先生のおかげでそう思わなくなった

それじゃあなんで今もそれ持ってるの？

中学に上がったらさやっぱりちょっと不安なんだ…

どう見られるか…やっぱり笑われちゃうんじゃないかってさ…

発表面白そうだしやってみたら？
歩ならできるよ！
先生たちをびっくりさせてやろうぜ！

ちょっとそれ貸して

できる…かな
失敗しないかな

ぼくは読み書きが苦手です
テストはいつも
悪い点ばかりでした

小6の最初まで
自分をダメな人間だと
思っていました

小6のときの担任の
先生が読み上げ式テストを
やってくれましたよくわかりました
それまでで最高の点数に
なりました

でもずっと勉強は好きでした
新しいことを知ることは
ワクワクします！

その先生とパソコンも
練習しました
パソコンができるようになって
好きなことが調べられるように
なりました

支援機器としての ICT 活用

　ICT 機器の活用については、本巻のQ&Aにも書きましたが、すべての子どもに必要とは限りません。ICT機器を支援に使うということは、子どものつまずきや困難さへの支援を行う中で、支援の「道具」として使うということです。大切なことは、子どもの特性を把握し、この子どもの困難にはどのような支援がよいかを考える際に、ICT機器の活用も視野に入れる、ということです。ここ数年のコロナ禍で、GIGAスクール構想の推進に加速度がつき、全国の自治体の小・中学校のはほぼすべてに一人一台のタブレット端末が整備されました。使用方法についてはまだ十分ではない面もありますが、「教室にどうやってPC・タブレットを持ち込むか」という最初の段階の悩みは解消されました。このことは、ICT機器を道具として使いたいのに使えなかった子どもたちにとって、大きな前進です。

　現在、各自治体ではタブレット端末の活用が少しずつ進み、中には子どもたちの状況に応じて個別の使用（読むことが困難な子どもが読み上げの機能を活用して聞いて理解するために使う、書くことの困難のある子どもがノートではなくタブレット端末に文字を打ち込んでメモする等）を始めている、または始めようとしている学校もあります。支援機器の活用を進めていくためには、子どもにとって効果があること、指導する教師にとっても効果が実感できることが大切です。特別支援教育コーディネーターや通級指導教室の担当者等がしっかりと子どもの実態を把握し、校内委員会等で指導内容を検討する中でICT機器の活用についても検討することが大切です。

第16話
私は段取りができずに
気持ちも苦しくなる

この前の戸田君の発表よかったですね！校長先生なんてとても感動してました！

戸田君あの一件でだいぶ自信もついたみたいですね平塚先生の提案と世良君の励ましのおかげですね！

えへへ…そうでしょうか！当事者の生徒の話ということもあって先生方も学びの教室への理解が深まった気もします

本当に！いい傾向ですよね

でも
まだ課題はありますよね
もっと生徒に学びの教室を
知ってもらわないと…

あ！私も思ってた
あれって何やってんの？

ねぇねぇ最近
使ってなかった特別教室に
出入りしてる人いない？

1-2

がら
がら

なんか
「学びの教室」っていう
今年から新しくできた
教室らしいよ

あ〜
隣のクラスの人が
行ってるって
聞いたかも

隣の
クラスの人

部活忙しいのに宿題とかテストまで手が回らない〜!

陸上部
大会勝ち進んでるもんね
中学生になってから
一気にやること増えたし

英梨ちゃんは大丈夫?
小学校の時から
よく宿題忘れたり
してたじゃん

えっと…
今も結構忘れちゃう

小テストのことも
忘れてた

うん
おいしい！

お父さんの
特製餃子
おいしいだろ！

もぐ

もぐ

でも英梨手に書かれるの
嫌じゃない？
お母さんが前に書こうと
したときに嫌がったでしょ

宿題忘れないようにって
友だちが…

あっ

あれ
英梨!?その手
どうしたの？

宿題！

宿題！

もう！みんな話がずれてるでしょ！私はね…！

お母さんいいってやめてよすぐにそうやって怒るの

…なぁ英梨

中学生は勉強も難しくなるしやることもいっぱいだろう？だからわからなくなることもあるよな

うん…

学校でも家に帰ってからでもいいからやらないといけないことを紙に書いて部屋の机にでも貼っておくようにしたらどうだ？手だと書ききれないだろうからな

それで今日からは職場体験に向けて用意を進めていきます

配ったプリントにいくつか業種があるから希望ごとに分かれて—

本屋さんのひと—!

保育園ここねー!

スーパーマーケットのひと〜!

小池さん決まらないならうちらと同じとこにする?

人少ないし

う〜ん

じゃあおいでよ

おいで—!

では班ごとに具体的な職業について調べてもらってそれを発表してもらいます

じゃあ私はこっちやるから小春ちゃんはこれお願いそれで小池さんはこれ…

ちょっと多いかな大丈夫そう？

う…うん

そっか！じゃあよろしくね！

放課後

どうしよう〜私だけ調べること終わってないよ

小池！今日学級委員の集まりだよ！

あ！そうだったごめん今行くね

なあ小池さあこの前も学級委員の仕事忘れてたじゃん

おれがこうやって呼びにいかされてさ！ちゃんとしてくれよ！

ご…ごめん…なさい

よく宿題とかも忘れて遅れて出したりとかさ

部活とか塾とかで大変なのはみんな一緒なんだからさ自分がやんなきゃいけないことくらいやれよな

うん…ごめんなさい…

あ！
高木先生
お疲れ様です

陸上部！
調子いいみたい
ですね～

ああ！平塚先生！
先日はコーチを
ありがとうございました！
部員にもいい刺激に
なったようです！

そうだ平塚先生！
ちょっと生徒のことで
ご相談したいことが
あるんですが……

あ！

またいつでも
呼んでください！
それでは

後日学びの教室に
通うことも
検討していただくため
保護者を交えた面談を
することになりました

通級指導教室
「学びの教室」

学びの教室のことは
わかりました
実際に娘が通うとなったら
どういった指導を
受けられるのでしょうか？

そうですね
お子さんの状況に合わせて
指導方法は変わっていくので
一概には言えませんが…

自立活動と言って…
自分の得意不得意を把握しつつ
自分の持つ困難を
どんなやり方で改善していくかを
一緒に考えるような
指導が多くなると思います

例えば今までのお話を伺ったところ英梨さんが困っているのはこのようなことがありますよね

・提出物などの忘れ物が多い

・複数のことを要領よく（段取りよく）同時に進行することが苦手

・優先順位がつけられず締め切りを守れない

ひょっとしたら英梨さんは『忘れてしまう』というより今やるべきことの全体像が見えていないのかもしれないですね

目の前のことにはもちろん取り組めますが中学生になると複数のことに要領よく取り組むことも必要になってきます

忘れてる

というより

えっと・・・

これは一例ですが
大きなゴールを
一つ設定するの
ではなく

小さいゴールを
決めてやることを
細分化したり…

本来の締め切りよりも
早く設定して
おくなどで
締め切りを守れるように
なった人もいます

本当の締め切り	←	予備の締め切り	←

間に
合った!

あ！
終わって
ない！

自分なりのやり方を
一緒に見つけたり
お子さん本人に
選択してもらいます

なるほど…
どう？
学びの教室に
通ってみる？

えっと…

ゆっくりでいいから
英梨さんの思っている
ことを教えて欲しいな

私…

みんなと…違うことするのは…

英梨さん他の生徒の目が気になるようでしたね

やっぱり生徒への学びの教室の理解が進んでないのね…

生徒たちへの学びの教室説明をやりましょうよ！

あっ!?そうだ！

びくっ

バッ

学びの教室って
なにしてるところ？

アイデアを出したとはいえ
まさかクラスごとで
学びの教室の説明会をする
なんて思わなかったですよ～

ふふ…
松平先生から教えてもらった
事を思い出したんです
子どもたちへの理解啓発には
こういうやり方もあるんだって

感想文も生徒の気持ちが分かって嬉しいですね！

授業をサボって遊んでるんだと思ってたけどその人に合わせた勉強をしているんだって知ることができました

みんな自分と同い感覚だと思ってました一人一人性格が違うようにそれぞれの違いがあるんだなとわかりました

高木先生が提案してくださったそうです

説明会をやるってなった時も他の先生方への説得とか後押ししてくれて助かりました！

英梨さんはじめ自分が気づいていないけど学びの教室が必要な生徒のためにできることをしたいんだって張り切ってましたね！

平塚先生と高木先生ってなんだか似てるわよね…

あっ！英梨さんたちが来たみたいですね

コン

コン

くすっ

今日は学びの教室に通うか
お返事をもらう予定だったけど…
英梨さんの気持ちは
決まりましたか？

はい……
あの…私…

そっか…

…やっぱり
みんなと違うのは
嫌って言うか…

私は通った方がいいと思うんです
友だちにもちょっと意地悪されている
みたいだし…心配なんです！

私は心配はありますが
英梨の意見を尊重します
何をすればいいかは
まだわかりませんが
高木先生や学びの教室の
先生方に助けていただきながら
やっていけばいいかなと

慌(あわ)てることは
ありません長い目で
見ていくことも
大切です

もちろん
心配なときはいつでも
ご相談くださいね！

ありがとう
ございます…

先生も平塚先生や
水野先生に
アドバイスを
もらいながら
がんばるから
困ったら何でも
相談するんだぞ

「通級による指導」がもっと利用しやすくなるために

　「通級による指導」が利用しやすくなるためには、まずは数が増えることが必要です。中学生、高校生にとっては必ずしも自校通級だけがよいわけではありませんが、「市町村に1校しかない」というような状況は解消すべきです。ただし、数を増やすためには、指導者（通級指導教室担当者）を養成することが必須です。子ども一人ひとりの実態を的確に把握し、その子どもに合った指導方法を検討し、場合によってはICT機器の活用も行うための専門性は必要です。現状では、「通級による指導」の担当者の免許はありません。したがって、大学段階では「通級による指導」の担当者としての専門性をすべて身につけるわけにはいきませんので、担当者となってからOJT*で身につけることが必要です。つまり、すぐには専門性が身につくわけではないため、先を見通した計画的な養成が必要だということです。

　また、利用しやすくするためには、本巻で触れたように学校全体への理解啓発も重要です。担当者任せにせず、校長をはじめとした管理職のリーダーシップの下、組織として取り組むべきです。支援が必要な子どもが「行ってみようかな」と思えるためには、すべての子どもが通級指導教室について正しく知っていること、また送り出す側の教師も正しく理解していることが必要です。通級指導教室があり、そこに専門性のある担当者がいることは、学校の重要な資源であるという認識をもち、積極的に活用しようとすることが大切です。

　通級指導教室の設置数が増えるだけでなく、設置される学校やその周囲の学校の教職員や子どもたちへの理解啓発が同時進行で行われていくことが重要だと考えます。

*「On the Job Training」の略、実際に職場で先輩等から指導を受けながら実践し、知識や技術を身につけること

4巻のあとがき

『みんなが輝くために』
第4巻をお読みくださって
ありがとうございました

4巻では
小学通級から中学通級へ
お話がつながっていきます

他人の目が気になる
思春期ならではの
通級利用の難しさも
出てきます

温かい激励のお言葉が
励みになっています

先生！
読ませて
もらいました！
とてもよく
わかりました！

ありがとう
ございます！

教育研修会
会場

みなさんの
ご意見やご感想に
元気をたくさん
もらっています

こんなかわいい
感想も…

2巻の細川陸君が
ぼくににてるなと思った
表紙が春・夏・秋に
なっていたから4巻が冬だと思う
小学生（9歳）

当たりね！

4巻も現場で活躍されている
旧知の東京・田中容子先生
北海道・山下公司先生
宮城・伊藤陽子先生にご協力
いただき発行まで至りました

5巻でもみなさんに
お会いできるのが
楽しみです！

通級のこと　もう少し知りたい！

梅田真理先生が答える
Q and A

Q. 自分に合ったICT機器等の活用は、通級でも指導してもらえますか？

A. 通級による指導では、一人ひとりの子どもの実態を把握し、その困難さに応じた指導・支援を考えます。そのため、タブレット端末やPCなどのICT機器の活用が子どもの困難の改善に効果があれば、使い方の指導、活用の仕方の指導は行います。ただ、子どもによっては、ICT機器の活用以外の指導が必要な場合もあります。

ICT機器は「道具」ですから、どんな道具が必要かについては、本人や保護者、担当者で十分検討することが大切です

Q. 中学校通級には、思春期ならではの配慮がありますか？

A. 思春期といっても、子どもによって状況は異なります。一概に配慮すればいい、配慮しなくてはならない、ということではありません。

大切なことは、生徒自身が「通級する」ことについて十分納得しているか、「通級する」ことが自分に必要だと思っているかという点です。そのことが十分でなければ（親に言われて渋々通うような状況であれば）、通級することは苦痛となるはずですし、そのような状況ではどんな配慮もあまり効果はありません。

一方で、中学校では、自分の学校ではない場所の方が通いやすいという生徒もいます。友だちの目が気になるだけでなく学校での自分の評価等が固定していると、「今さらがんばることは恥ずかしい」というような思春期特有の感情も生まれることもあります。別の場所だからこそ、がんばれる場合もあることを知っておくことが大切です。

Q. 通級指導教室について、学校の子どもたちは
どの程度知っているのですか?

A. この点については、通級指導教室担当者や管理職の考え方によるところが大きいでしょう。

『みんなが輝くために』で描いているように、管理職が通級指導教室について十分理解し、学校の資源としても活用しようと考えている学校では、担当者や特別支援教育コーディネーターを中心に理解啓発に努めているはずです。しかし、管理職の理解が十分でない場合は、対象の子どもへの指導を行えばよいと考えられていることも多く、同じ学校の教職員もどのような指導を行っているか知らない、ということも少なくありません。通級指導教室は対象の子どもへの指導支援を行うのみでなく、校内の資源として他の子どもたちや教職員への支援の拠点となる場所だと私は考えています。

Q. 中学校の通級指導教室は、これから増えていきますか?

A. 令和2年度の文部科学省の調査では、小学校で通級による指導を受けている児童は約14万人、中学校で通級による指導を受けている生徒は約2万3千人です。この数字から考えても、中学校の通級指導教室が少ないことは明らかです。もちろん、小学校で指導を受けて状態が改善し、中学校では通級の必要がなくなる子どももいるでしょう。しかし、中学校に設置されていないために、通級による指導が受けられないという状況は各地にあります。

通級による指導の効果を示しつつ、中学生にとっても必要な場所であることを伝えていく必要があります。

【謝辞】
田中 容子先生
山下 公司先生
伊藤 陽子先生

みんなが輝くために4

初版第1刷発行 2023年2月7日

【原作・著】
梅田 真理

【マンガ・イラスト】
河西 哲郎

【発行人】
山口 教雄

【発行所】
学びリンク株式会社

〒102-0076 東京都千代田区五番町10番地 JBTV五番町ビル2階
電話 03-5226-5256
FAX 03-5226-5257

【印刷・製本】
株式会社シナノ パブリッシングプレス

【表紙・本文デザイン】
藤島 美音、渡邉 幸恵、南 如子（学びリンク）

ホームページ https://manabilink.co.jp/
ポータルサイト https://www.stepup-school.net/